Ätsch
ich lebe noch

Ätsch
ich lebe noch

Sprüche –
Widersprüche
Gesammelt von
Frieder Stöckle

Spectrum Verlag Stuttgart

Allen Freunden, die beim Aufspühren und Sammeln der Wandbotschaften behilflich waren.

Einbandgestaltung: Jürgen Reichert
Foto: Wilfried Frey u. Ronit Pressler
Satz: Remsdruck, Schwäbisch Gmünd
Druck u. buchb. Verarbeitung: Ebner Ulm
ISBN: 3-7976-1376-8

Opa, laß den Kaffee, laß die Sahne
kauf dir eine ~~Eintracht~~-Fahne!
~~Kickers~~
Rote

Nackt sah Kant an sich hinunter
und erblickte das Ding an sich

Keine Verlängerung der Wehrdienstzeit
Und keine Verlängerung der Kirchenbesuchszeit!

Hoch mit dem Zickzackkurs der chinesischen Opa-Bande!
Vorwärts mit der US-amerikanischen Menschen – rechts – Kampagne!

WARX!

Diese Wand ist Eigentum
des VOLKSKUNST-MUSEUMS
Stuttgart!
(Stuttgart, Aufschrift auf WC-Türe in der Landesbibliothek, die über und über beschriftet ist.)

Das Ferd:ist forne
hinten als höher!

WIR BRAUCHEN KEINE
SCHWÄTZER –
WIR BRAUCHEN GÜNTHER
NETZER!

Die Aufzüge nur in dringenden
Notfällen
benützen!
(Krankheit / Tod)

Um Gott kommt keiner herum
außer Rummenigge

Mit Power durch die Mauer!
(Berlin, Zonengrenze)

Suche zum 24. 12. 81 noch 2 + 3
Mann zum Skat auf diesem Klo

Von Flower-Power
zum Flauen Bauer

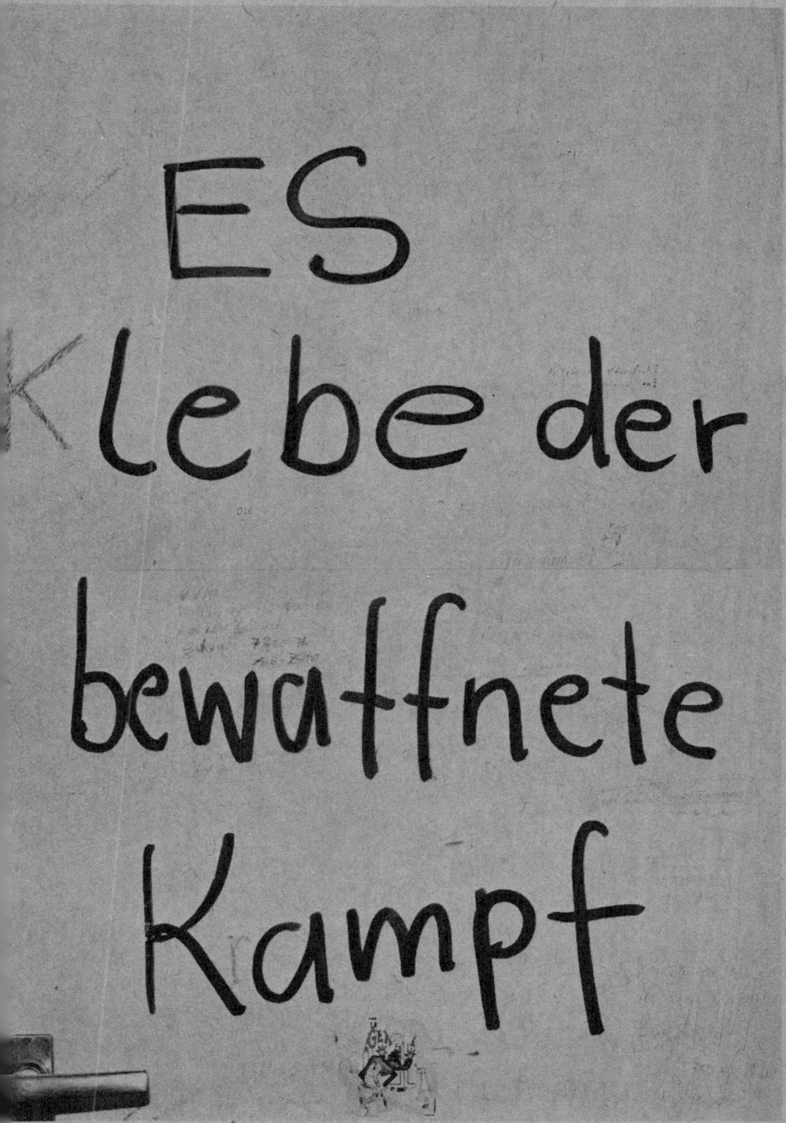
ES
lebe der
bewaffnete
Kampf

Ich fordere die Todesstrafe für alle, die die Todesstrafe fordern!

Idiot! Nach dieser Logik
müßtest du schon tot sein!

Plage nie ein Kind zum Spaß
denn es schreit in hohem Maß

Wer sich nicht leert
lebt beschwert!

Berufsverbote für ALLE!

Wen das Alter nicht ehrt
ist die Jugend nicht wert!

Advent, Advent ein Popper
brennt
erst Arm, dann Bein, dann brennt
das ganze Popperlein!

VIEL SPASS BEI DER ARBEIT!

AMIS RAUS AUS USA
WINNETOU
IST WIEDER DA!

1. Mai – April vorbei!

Folk macht krank
wir wollen punk!

Hölderlin isch ed
farrughd gwäh!

Das Hirn ist klein
das Haar ist fett
was kann es sein?
na klar – ein Ted!

Scheißt die BRD zu!
(Kommando Revolutionäre
braune Zelle)

Warum hat Strauß so große
Backen – warum bloß?

Wer früher stirbt ist länger tot

Die Welt gehört Euch
sieEuch !

URABSTIMMUNG!

Bomben bauen
Waffen klauen
den Bonzen auf die Schnauze
hauen

EWIG WÄHRT AM LÄNGSTEN

Im Phalle eines Phallus
klebt UHU wirklich Allus!

Wir fordern das Recht
in verschiedenen Farben zu pissen!

Hast du mal 5 Minuten Zeit?
Dann schlage einen Popper breit!

Neuer Job für Ronald
Kellner bei Mc Donald

Die Existenz Gottes ist endlich bewiesen.
BILD hat heute ein Einschreiben bekommen.

Sozialismus in Tüten!
Gegen der Verpackungsfetischis-
mus!

high sein
frei sein
Terror muß dabei sein

Auch wenn es allen graut
punk is out

Weg mit allen Pfosten
freie Sicht bis Norddeutschland

Lieber ’n Punkt im Schrank
als ’n Ted im Bett

Dem Bauer es den Kopf verreißt
das Huhn ihm auf das Sofa scheißt

Was baggert da im Baggerloch
es ist der Bagger
er baggert noch

P. W. für Sozialismus
wir pissen kollektiv!

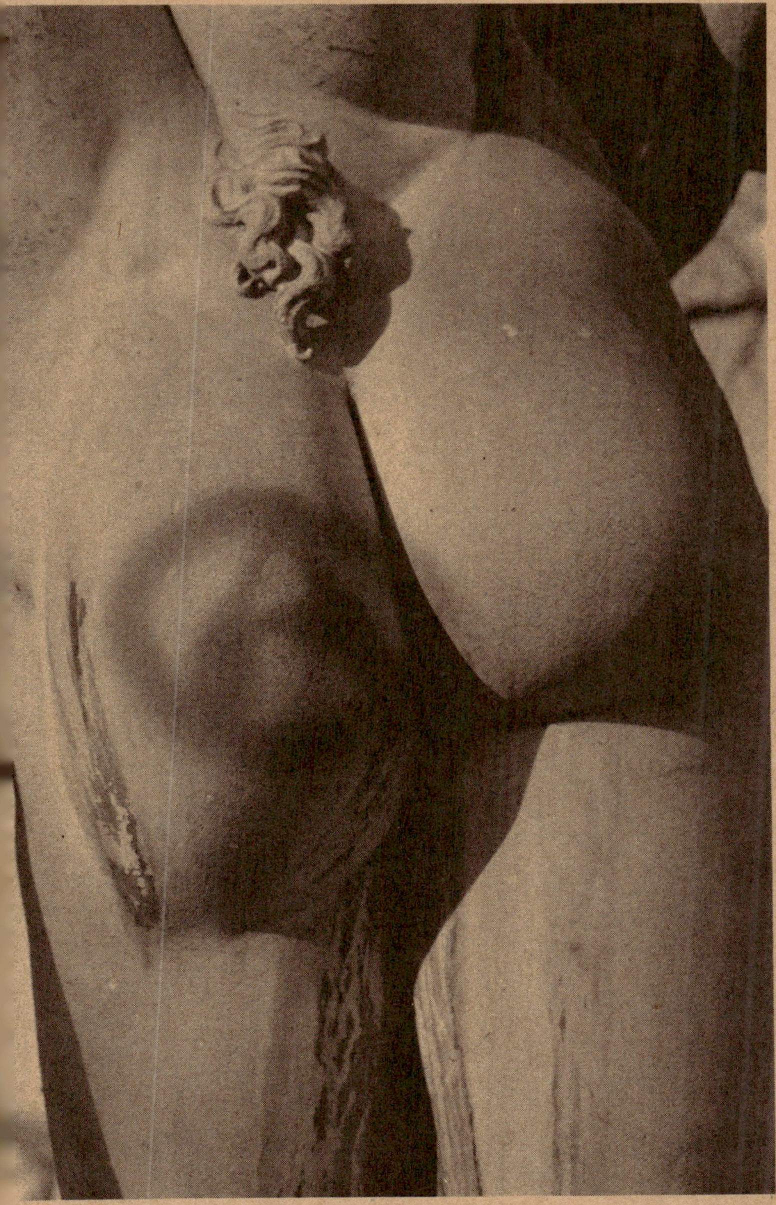

DONALD DUCK for Bundeskanzler

Bin kurz weggegangen
komme gleich wieder zurück
Godot

Freiheit für alle die zahlen

Freiheit für alle Nougatfresser!

Früher war der Papa punk
jetzt rockt er wieder –
Gott sei dank!

Gestern fiel mir – ach wie dumm
das Shampon ins Aquarium
Die Fische wunderten sich sehr
sie hatten keine Schuppen mehr

Wir sind für M A L MA LA D E

A V E

Der Gast geht so lange
zum Tresen
bis
er bricht

KOHL for the KRAUT?
BLACKOUT!

Biete Arbeitsplatz für
Zimmer mit Blick auf Meer

Der größte Lump im ganzen Land
ist und bleibt der Denunziant

In confusio pro reo

Die Weisheit verfolgte mich –
aber ich war schneller

Ach wie gut daß niemand weiß,
daß ich rumpelnd Stilzchen scheiß

Wer schützt die Tauben auf dem
Dach vor den
Spatzen

Wählt S E I F (sozialistische Einheitsfront) Für sauberen Sozialismus)
S E I F – Zentralrat:
K E R N – S E I F

Die Kuh, im Gegensatz zum Elch
macht vorne Muh
und hinten Melch

Mollis
statt Müsli!

Die ganze Stadt erzittert
durch die Straßen

Selbst die Katharina Focke
geht beim Pinkeln in die Hocke

Müsli für ALLE
sonst gibt's Plenum!

Christus dachte umgekehrt
Und was wär das?
Eben das!

Gott ist tot

(Nietzsche)

Nietzsche ist tot

(Gott)

DER PHALLUS
DES ~~REGENWURMS!~~
REHGEN WURMS!

Jesus war ein Hippi
– der Teufel ein Punk!

Jeder Hippi muß mal Pippi

Anarchie ist machbar
ANARCHIE IST MACHBAR –
HERR NACHBAR
(weit verbreitet, in verschiedenen
Textvariationen. Bsp.:
Anarchie ist machbar, Frau Nachbar!)

LEGAL – ILLEGAL –
SCHEISSEGAL

Kein Knast für Brigitte Heinrich!
Besonnene Frankfurter Bürger
streben die Nullösung an:
Die Justiz zieht das Urteil zurück
(bis hinter den Ural)!
Im Gegenzug wird auf weitere
Gnadengesuche verzichtet!

Kommt Zeit kommt Rat
kommt Attentat

Wer Ⓐ sagt muß auch Bäh sagen

HÄSSLICH!

Es gibt noch viel zu packen,
tun wir's ihnen an!

Wir setzen durch was Bürger
wollen –
SCHNELLER WOHNEN

Scheißhaus DICHTER
sind keine großen LICHTER

Lieber ROT als TOT
sprach der Hummer
als er in den Kochtopf kam

Wie Adolf Hitler sitz ich hier,
die braune Masse hinter mir

Fehlt dir beim Ficken der Erguss
bist du reif für Spartakus!

Schwerkraft?
Nein danke!
(Düsseldorf, Hauswand)
Variation: Weg mit der Schwerkraft
Nieder mit allem was uns behindert!
(Frankfurter Innenstadt)

Viele Beton nix gutt

Der Worte sind genug gewechselt
zerlegt den Laden!

Das Wasser ist schmutzig,
die Luft ist rein –
Franz Josef Strauß muß ertrunken
sein! Strauß lebt!!

Ich trinke Förstergehilfe
weil ich kein Bafög mehr bekomme

Die CDU will ja nur unser Bestes.
Sie wird es nicht bekommen!

Lieber bei Dunkelheit mit kaltem Hintern
als überhaupt nicht überwindern!

Wenn keiner für uns arbeitet,
dann soll auch keiner für uns
entscheiden.
Wir organisieren uns selbst!

Soviel Bullen – allerhand!
Trotzdem wächst der Widerstand!

Ein Klo könnt ihr besetzen!
Besetzt mal ein Haus!

VIVALDI
Sport
B LÜGT
taz. nicht

Die Würde des Menschen
ist antastbar.
Sie zu verachten ist Aufgabe aller
staatlichen Gewalt.

BILD lügt
TAZ nicht

BERLIN brennt
FRANKFURT rennt
Tübingen pennt!

Schluß mit dem Konsumterror
Scheißt in die Schaufenster

Scheiß Ausländer
Scheiß Deutsche
Scheiß Menschheit

Haut die Bullen! Stärkt China!
Weg mit dem US-Kapitel!

Unterschätzt die FDP nicht!!

Hoch die internationale Solidarität
Es lebe die RAF! Für Linksfront!

Keine nuklearen Abfälle auf den Mars
sie kommen wieder!

Wir werden nicht von Moskau bezahlt –
sondern von Euch!

Die geistige Größe einer Nation
erkennt man an ihren Klosprüchen
Armes Deutschland!

tot rot

Lieber ~~tot~~ als ~~rot~~

Lieber doof in'd Katastroph, gell ?!

Bayern ist
überall
und überall
ist Bayern.
So ist das
Leute!

SONNE STATT REAGEN

Ausländer haben Deutschland
aufgebaut.
Ausländer werden Deutschland
wieder abbauen

Lieber Stullen statt Bullen.
Und Schnittchen statt
Schmidtchen!

Im Gleich-Schmidt, Marsch!

HALTET
UNSERE
UNI
SAU
BER.
KEIN
AN
paulinenstraße 8

Deutschland Gutt!
Deutschland ganz gabutt

WIR LASSEN UNS NICHT
BRDigen

Je mehr uns die Sonne dieser
Demokratie bescheint,
desto brauner werden wir!

Die Schweine von heute
sind die Schinken von morgen!

Weg mit dem ‚weg mit dem!'

Nur ein toter Jurist ist ein guter Jurist

Bä! Niemand hat mich lieb,
nur weil ich ein Jurist bin!

Deutschland muß sterben,
damit wir leben können!

FEUER UND FLAMME
FÜR DIESEN STAAT!

WIR BRAUCHEN EUER
TRÄNENGAS NICHT
WIR HABEN AUCH SO
GENÜGEND GRUND ZUM
WEINEN!

Man muß den Fortschritt nur nicht mehr wollen!

Dann würde es dich schön an den Arsch frieren!

ANARCHIE – so wichtig wie nie!

Wo Unrecht zu Recht wird
wird Widerstand zur Pflicht!

Die pure Geilheit
(Stuttgart, Aufschrift auf dem glänzenden Chromnickel-Handlauf einer Überführungstreppe)

Rutschbahn statt Startbahn

Gewaldlos sind wir den Wald los!

Warum seid ihr zu feige
diese Sprüche und
politischen Parolen
in aller Öffentlichkeit zu
verbreiten?
AUSZUSPRECHEN –?
Nehmt euch ein Beispiel an
Wallraff und Biermann
und an Bukowski
und an Shakespeare!!

Ich trinke Jägermeister
weil ich SPD gewählt habe . . .

Keine Einmischung der BRD –
nirgendwo!

BILDET
B(A)NDEN

Wer A sagt muß auch
einen Odrum machen!

Nicht barfuß laufen
Glas!
Danke!
(Tübingen, im Bereich eines ‚umkämpften' Hauses)

Der Klassenkampf findet auf der Uni
leider nur an der Klowand statt.
Hoffentlich wird's bald anders.

Kommando Schwarzes Semester

Beton macht blöd

Frauen gemeinsam – sind einsam

He! Du sitzt ja falsch rum auf
dem Klo! Danke!

Weg mit dem Kondom!
Freiheit für Sperma!

Hätte Maria ab . . .
dann hätten die sich halt
was anderes einfallen lassen!

Netter ♂ sucht liebe ♀
zum 

Warum ist in der Welt keine
Sinnlichkeit mehr?

Dieses Klo erscheint demnächst
bei Rowohlt als Taschenbuch
(Stuttgart, Uni-wc)

Alle Macker auf den Gottesacker!

Frauenpower macht Macker sauer

Was sollen die sexuellen
Phantasien auf dem KLO!!!
Hinaus auf die Straße damit!
Wo klemmt's denn!?

Scheiße, auf dem Klo kann man
sich gar nicht richtig entfalten!

Auch Nixon tut wixen

1984 wird wahr!

FRAUEN SIND
ZÄRTLICHER !!!!
ein Mann

Jesus war eine Frau
und der liebe Gott
ihre Großmutter!

WIR BLEIBEN UNSERM
MOTTO TREU:
LESBISCH, SCHÖN UND
ARBEITSSCHEU!

Die Macht der Schwänze hat ihre
Grenze

Eine Frau ohne Mann ist wie ein
Fisch ohne Fahrrad

Wer nicht begehrt
lebt verkehrt

Ich weiß zu wenig von Frauen

Frauen wehrt euch –
laß euch nicht vermarkten

Weg mit allen Männern!
Bis auf einen – für den Zoo!

Allen Frauen alle ~~MACHT~~!
Arbeit

Kein Anruf ~~während~~ dieser
Nummer unter

Weil sie kein Leben geben können,
geben sie den Tod!

Wer Kinder kriegt tötet nicht!

Großer Aufwand, riesen
Seelenqualen
und was kommt dabei heraus?
Ein bißchen Schleim!
O Mann!

Heterosexualität ist heilbar!
(Sprühaufschrift auf einem ,Massage-Salon')

Brot statt
Waffen

Bin Mann
tausche mit Jeder
war lange genug maskulin!

. . . auf daß der Tod uns lebend findet
und nicht das Leben uns tot!

Sprache ist nebenan

Das LEBEN lebt nicht
(Stuttgart, Königstraße, Sexkino)

Jeder stirbt sich selber

HⒶSS

’nen hübschen Typen mal zu
krallen
kann auch dem größten
Weiberheld gefallen

Schwulsein kommt von falscher
Ernährung.
Eßt mehr K Ö R N E R!

Die Wand brauch m'r da,
daß bloß nemard
am Brofesser
sei
Schnapperle sieht!
(Tübingen, Trennwand Uni-Pissoir)

Der Schwanz kaputt
die Nutte kichert
hoffentlich Allianz versichert!

Hört alle auf zu arbeiten
schmeißt alles hin!

Lieber lebendig als normal

Je glücklicher du bist, desto weniger kostet es, dich zugrunde zu richten!

DER FRIEDHOF IST EIN
VERDAMMT EINSAMER ORT
ERST LEGEN SIE DICH AUF
DEN RÜCKEN
DANN SCHMEISSEN SIE DIR
AUCH NOCH DRECK INS
GESICHT

Grüß Gott, Schlaffi-Generation!

Wer keinmal mit demselben pennt
der ist vielleicht schon impotent
(Tübingen, Mensa. Dieser Spruch ist eine Variation eines geflügelten Wortes der 68er Jahre: ‚Wer einmal mit derselben pennt gehört schon zum Establishment')

ICH die untergehende Sonne
das Abendrot

Befriedigung ist kein Zustand
Es gibt nur Unbefriedigung in
Abstufungen

Größtes Emanzenglück
wieder mal ein schöner Fick!

HETERROR-SEXUALITÄT
– NEIN DANKE! ⚣

Furznick Votzgommery was here!

Heterror-sexualität

Klo-Maler!
Heraus aus der stinkenden Stille!
Kultiviert Wände, Fenster Häuser
– unsere ganze Stadt!

Hätt' Maria abgetrieben
wär' uns viel erspart geblieben

Lieber Schamlippen küssen
als sich lahm schippen müssen!

Ich liebe nur mich
Ich schlafe nur mit mir

Statt FRUST LUST!
Frauenpower!
Luft!

Der Schwule läßt die Arbeit ruhn
und freut sich auf den After noon

Schreib keine Witze an die Wand,
den größten hast du in der Hand!
(Berlin, öffentl. WC)

IF YOU THINK
FUCK IS FUNNY
FUCK YOUR SELF
AND SAVE YOUR MONEY

Ich, männlich, 23/1,80
liebe SEX & Drugs & ROCK &
ROLL

Newton ist tot
Einstein ist tot
– und mir auch schon so elend

Ich gehe mit dir durch diese Stadt
Tote Menschen fallen aus den Fenstern
Blaulichtsirenen fahren
unbekannte Schreckensorte an
Kinderlächeln zerbricht an Steingesichtern
Taube Ohren verweigern uns
während Autokolonnen an uns vorüberjagen
flüstre ich dir ein Lächeln zu

Ich bin für Atomkraft
weil sie alle HINWEGRAFFT

Hört auf, mich zu verstehen
hört damit auf!

WER LEBT SCHON?

Mae fraend on
helfer bene sälbär!
wäg mit de ufbässer!

Atemnot im Sonderangebot

Tausche zwei Regale Studienbücher (Betriebswirtschaftlehre) gegen Meditationskissen

Die Vögel brüllen
und du hörst es nicht!

Wer nimmt an meiner Beerdigung
teil?

Wieso?

das kann dir doch wurscht sein??

Biete Studienplatz gegen
verläßliche Beziehung

DIMI Total
plemplem
Freiheit für Alle

homo sapiens
homo ludens
homo faber
homo homuni lupus

homos raus!

Jeder ist seines Glückes Schmied,
deshalb: Hämmern, BIEGEN,
Brechen, AUS-GLÜHEN,
QUETSCHEN und –
KALTMACHEN!

Kein Absender mehr
Anruf zwecklos!

Suche Gleichgesinnten mit null
Bock auf gar nichts
zwecks keiner Kommunikation

Immer noch gilt:
Einen Baum pflanzen
und einen Sohn zeugen!
und ein Haus besetzen!!

GOTT SIEHT DAS ~~ALLES~~!
NICHT!!

FREIHEIT FÜR FANTASIE
FANTASIE FÜR FREIHEIT

Und gegen Versicherungen

Guckt mal runter vom Elfenbeinturm, ihr Intellektuellen!

Die Welt ist schlecht

auch schon geschnallt !?

Die Lebenden werden die Toten beneiden!

Wer weiß schon was von mir!

Beten
~~Schreien~~ zwecklos

Was ist das für ein Land
wo sich keiner mehr nackt auf die
Straße traut!

Irgendwann wird auch hier Stille
sein!

Es ist normal die Wahnvorstellungen einer Gesellschaft zu töten, aber es ist abnormal, eigene Wahnvorstellungen zu entwikkeln.

WER TRIEB EUCH IN DEN DRECK DER ZEIT???

Hallo, Lena, zum 1. 3. viel Spaß und so . . .

Kaffee = an
dem Blut
klebt!

Ⓐ UFSTAND STATT Ⓐ NSTAND

DAS GRAUEN

Wenn wir die Gegenwart
verändern
wird die Zukunft anders (besser)
wenn wir in der Gegenwart
verenden
wird die Zukunft nicht anders sein

RUF DOCH MAL AN!
TELEFON: 110

Dein Kopf

Laßt eure Phantasie sprühen!

Der Traum von deiner Freiheit wird wohl immer ein Traum bleiben!

Was bin ich denn?
Ein Idiot

FRUST!

WIR WOLLEN ALLES!

Bevor ihr die Welt begreift
hat sie euch schon gegriffen
denn ihr macht eure Scheiße
auch nur allein

Wir wollen leben in den Ⓐlten
Häusern

Wart's ab. Jemand nimmt auch dich in den Arm!

Ordnung ist das halbe Leben
Unterordnung die andere Hälfte

Shit macht fit

Jung kaputt spart Altersheim

Ich bin nicht rechts
ich bin nicht links
ich bin untendurch

Sofie lebt
Sofie stirbt
Sofie lebt weiter - mit dir !

Lieber ein wackeliger
Wirtshaustisch
als eine stabile Beziehung

Wir sind diejenigen
vor denen uns unsere Eltern
immer gewarnt haben

High sein
frei sein
Bomben bauen
Autos klauen
Bullen auf die Schnauze hauen

Jedes Herz ist eine Zeitbombe!

Sprech mich doch einfach an

Faß mich an sonst vereis ich

Lieber lieben

Lieber Steinzeit als Eiszeit

Die Zukunft ist schon euere
Vergangenheit

...subito!

Weißt du wieviel Sterlein stehen?

Ich weiß nicht was ich will,
aber ich weiß, wie ich's kriegen kann

Woher denn?
Wohin denn?
Womit denn?

Warum denn?

Gegen jede Einschränkung!

Alle reden vom Wetter
wir reden gar nichts mehr

Ich spür mein Herz nicht mehr

KOPIEN (Firmenschild)
Life ist XEROX You are a KOPIE!
(Stuttgart, am Firmenschild einer Kopieranstalt)

Wer heute schweigt ist morgen tot! Bücher sind tot!

1984 wird wahr
nicht wahr?

Jeden Tag ein Joint
und der Tag ist dein Freund

Die Anpassung ist unser Verderben!

Lieber ein toter General
als ein Megatoter

Heute Haigh
morgen Steak

Keine Atomraketen
bevor die alten verbraucht sind

Desertiert haufenweise!

Unser
Sicherer
Atomtod

1. Weltkrieg
2. Weltkrieg
3. Verteidigungsfall

letzte
Hoffnung

radikale
Ökologie

Enkel und Opa wollen Frieden –
versteht ihr endlich!?

D'revoludsio dohanna:
legal – illegal
scheißegal. Ha no!

Einseitig abrüsten. Was denn sonst
Hüben und drüben!

Abrüsten – sonst knallt's
Aber wie!

Enthauptet die Sprengköpfe

In euern Sprengköpfen ist kein
Funke Verstand

Petting statt Pershing

Lieber eine Taube auf dem Dach
als eine Atomwaffe in der Hand

Stell dir vor es gibt Krieg –
und keiner
geht hin!

Der Papst redet vom Frieden –
wir machen ihn!

Friedenswaffen sind Todgeburten

Jeder Tag ist Antikriegstag!

Nicht abreißen – abrüsten!

Frieden schaffen ohne Pfaffen

NARZISS
(Aufschrift auf einem Spiegel im Damen-WC, Tübingen Uni)

Ich sprühe – also bin ich
(relativ weit verbreitet. Variationen: Ich spinne – also bin ich; ich denke – also spinn ich; ich denke – also verschwind' ich)

My only dope / No dope
is hope / no hope

Wenn wir so weit sind,
daß die Menschen über die
Regierungen herrschen,
werden wir keine Regierungen
mehr brauchen.
Bis dahin sitzen wir in der Scheiße.

Ich lebe noch.
Ätsch!

Zulassungsbeschänkung
Studienzeitbeschränkung
Bewußtseinsbeschränkung
Beschränkung

Faschismus

Vorwärts mit der Spaßguerilla

Gott beschütze unser Haus,
vor Genscher, Schmidt u. Strauß

BUT: Bewegung undogmatischer
Trinker

Atomkraft totsicher

Krieg dem Krieg

Schwarzfahren – Geldsparen

Wir sind alle keine Engel mehr

Ein kluges Wort
und schon ist man Kommunist

Ein Mann hat keine Angst
außer der Angst kein Mann zu sein

Kein Atommüll auf den Mars,
denn Mars bringt verbrauchte
Energie zurück

Ⓐnarchie ist Ordnung ohne Herrschaft

Lieber Burgenländer Rotwein
als totsein

PHANTASIE
IN
GERMANY!
MACHT
FÜR
JEDEN

Wände sprechen

statt eines Nachworts:

Wände sprechen Bände. Jeden Tag verkünden uns die Bauzäune, Tunnelwände, Fußgängerpassagen neue Botschaften.
Es sind Botschaften und Nachrichten vom beschädigten Ich, von bedrohter Identität, von Menschen, denen die Identitätsbeschädigung tägliche Erfahrung geworden ist und die sich jetzt äußern.
Wandsprüche, Graffiti sind authentische und unmittelbare »Lebenszeichen« in einer zunehmend anonymen, an den Sachzwängen erstickenden Welt. Diese Tätowierungen und Wandzeichen bringen mit ihrem Menetekel überdeutlich die Sehnsucht nach Frieden und die Hoffnung auf identischeres Zusammenleben zum Ausdruck.
Subjektive Spontanäußerung sind sie ebenso wie kalkulierte und schillernde Vieldeutigkeit.
Das Spektrum reicht vom philosophischen Aphorismus bis zum Einwort-Programm: »gegen«.
Die Menschen sind betroffen, werden sich ihrer Betroffenheit bewußt und machen sich Luft: Sie schreiben auf den Putz!
Durch die Ventile der Sprühdosen zwischen

Witz und Protest, Nonsens und Ironie, gesellschaftliche und politische Kritik wie resignative Selbstbeschreibung. Die Angst vor kommenden Katastrophen wird ebenso zum Protest – »die Reaktoren sind oft ganz schön gerissen . . .« – wie der Unmut über den anonymen Betonbrei unserer Trabantenstädte – »schade, daß Beton nicht brennt . . .«

Die überall auftauchenden Wandsprüche und Graffiti haben ohne Zweifel auch eine gesellschaftliche und soziale Funktion: Sie sind eine Art Rückeroberung unmittelbarer Kommunikation.

Sie enthalten Äußerungs- und Informationsqualitäten, die sonst in keinem anderen Medium möglich sind. Diese Nachrichten sind unmittelbar, subjektiv, spontan und unzensiert. Und sie sind öffentlich. Dies alles jenseits von Umstürzung, Provokation und Kritik. Die Kommunikationssituation ist dadurch gekennzeichnet, daß der Sprecher/Sprüher entweder eine ganz bestimmte Zielgruppe im Auge hat – »Der Verfassungsschutz erhält mehr Geld, die Verfassung ist teurer geworden . . .« – oder seine Befindlichkeit einfach kundtut – »Ich fordere das

Unmögliche – weg mit allem, was mich behindert . . .« Die Legitimation und Begründung für die nächtlichen Nachrichten aus der Sprühdose ist verblüffend einfach – »Ich sprühe, also bin ich . . .!« oder »Wir sind das sprühende Leben . . .«

Aktuelle gesellschaftliche Konfliktfelder werden aufgegriffen und entsprechend kommentiert. Die Entsorgungsproblematik im Zusammenhang mit der Atomenergie wird von den Spontis verulkt: »Wohin mit dem Atommüll? Denk an dein Päckchen nach drüben!«

Diese Verbindung von aktueller Problematik und pseudohumanitärer Gedankenlosigkeit entlarvt und denunziert zugleich.

Die nächtlichen Wanddichter bemühen einen sentimentalen deutschen Heimatdichter, wenn es ihnen darum geht, auf die Entsorgungsproblematik aufmerksam zu machen: »Und ewig glüht die Heide . . .«

Gegen das Korsett der »Sachzwänge« sprühen die Farbgeber ebenso an wie gegen den latenten Neofaschismus: »Die Anfänge währen schon wieder.«

Die Wandnachrichten sind Utopieentwürfe.

Sie sind Rundumbeschimpfungen und Verschlüsselungsspiele. Subjektive Versponnenheit findet Platz neben breitausgewalzt Trivialem. Und Graffiti können zärtlich sein, poetische Spiele, Zeichen vom Leben im konturlosen Einerlei unserer Städte: Lyrik aus der Sprühdose.

Wandsprüche beleben nicht nur, sie leben. Einmal an der Wand, werden sie verändert und variiert. Die Bedeutungen wechseln, die Inhalte werden umgedeutet, wobei sich die »Nach-Sprüher« von bestimmten Signalen leiten lassen und nun eigen-sinnig weiter assoziieren. Manchmal finden regelrechte Textkämpfe statt.

Die tote Perfektion nichtrostender »endgültiger« Baumaterialien (etwa Edelstahlfassaden) wird durch den Kontrast mit Menschlich-Sinnlichem entlarvt, die Sprühpoeten finden – »die pure Geilheit . . .«.

Vom Standpunkt der Verwaltungen und ihrer Ämter aus sind die Wandsprüche »Schmierereien«. Sie sind lästig, dringen tief in die poröse Oberfläche des Steins und lassen sich nicht so leicht wieder entfernen. Und deswegen bleiben sie häufig auch stehen: Wo schon

ein Wandspruch steht, kann kein neuer hinzukommen. Allenfalls Variationen . . .
Sicher, Wandsprüche sind unordentlich, sind unkalkulierbar und unberechenbar. Sie sind widerborstig, stachelig, manchmal garstig. Aber sie sind gleichzeitig auch Warnzeichen, Notsignale, authentische und unverfälschte Reaktion im Sachzwangautomatismus und Expertendschungel unserer Gegenwart.
Das Buch möchte zur Auseinandersetzung mit dieser Form »sozialer Kultur« anregen. Wenngleich es widersprüchlich erscheinen mag, diese nichtinstitutionelle, subjektive und spontane Kommunikation zwischen zwei Buchdeckel zu pressen: Sie sind nun mal ein Beitrag zur »Volkskunst«, eine Auseinandersetzung mit sozialer und politischer Realität. Die Wände sprechen manches Mal intensiver und deutlicher als die Menschen selbst. Dies kann betroffen machen, wachrütteln und Anstiftung zur »positiven Subversion« (Pestalozzi) sein.

Frieder Stöckle im Juli 1982

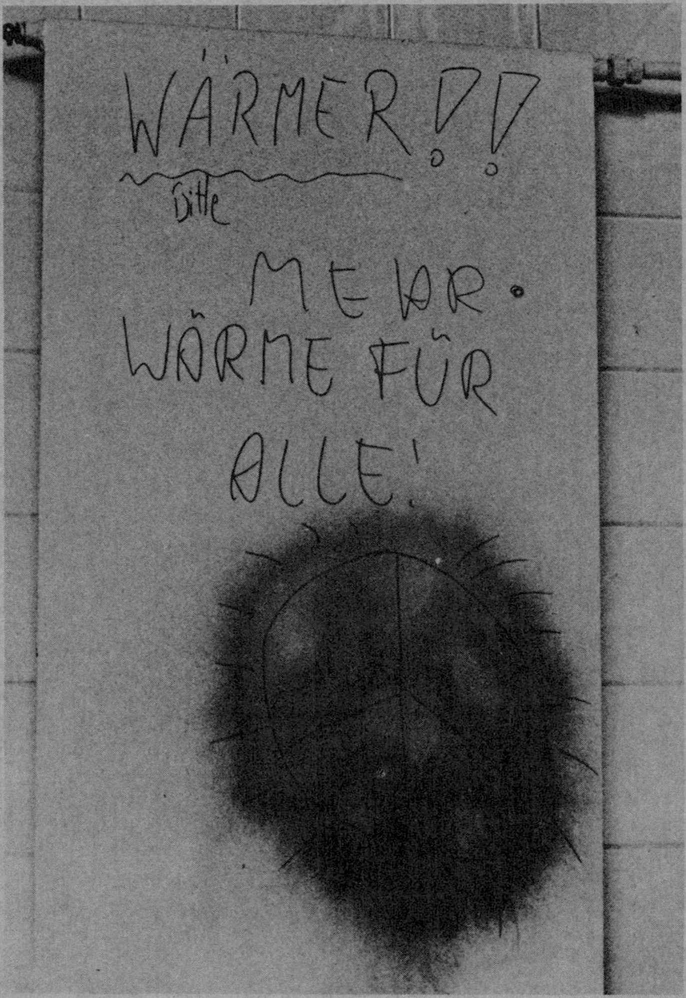
WÄRMER!!
bitte
MEHR.
WÄRME FÜR
ALLE!

make Love
not war!